AF234551

NO QUIERO SER OLVIDO

ZARAGOZA, 2026
RARA AVIS

CRISTINA GIMÉNEZ

NO QUIERO SER OLVIDO

© Cristina Giménez López
© de esta edición: Los libros del gato negro
© de la imagen de cubierta: Pedro Javier Pascual
© de la fotografía de la autora: Javier Martín

info@loslibrosdelgatonegro.com
www.loslibrosdelgatonegro.com
Impresión: Calidad Gráfica
Zaragoza, marzo de 2026

ISBN: 978-84-128901-3-6
DEPÓSITO LEGAL: Z 365-2026
(Impreso en España)

Cualquier forma de reproducción, distribución, comunica-
ción pública o transformación de esta obra solo puede ser
realizada con la autorización de sus titulares, salvo excepción
prevista por la ley. Diríjase a CEDRO (Centro Español de
Derechos Reprográficos) si necesita fotocopiar o escanear al-
gún fragmento de esta obra (www.conlicencia.com; 91 702
19 70 / 93 272 04 45).

*Esta obra ha sido publicada con la ayuda del Departamento
de Educación, Cultura y Deporte del Gobierno de Aragón.*

A todas las mujeres que han sido, son y serán en mi vida.

HIJA

Aquellos molinos no eran gigantes.
Eran molinos y en ellos molían el trigo.
Aquellos árboles de grandes troncos no
    eran monstruos.
Eran sabinas y en ellas anidaban
    pájaros.
Intentaba soñar.
Y la realidad se zafaba de mi ilusión
y venía hacia mí cruda y duramente,
abriéndose paso por entre las ramas
    tiernas de los robles,
hasta gritar en mi cara que despertase.
Que ya no tenía nueve años.
Que los monstruos, si existían,
eran hombres y mujeres con tan mala
    sombra
que amargaban a quienes querían seguir
    soñando libres.
Que tendría que esquivar los brazos
enormes de los gigantes horribles
para que no me lanzasen de un
    manotazo
a ver las estrellas desde más cerca.
En mi cielo *starlight*.

Donde aguardaban, si quería seguir
      dormida,
los instantes de refugio
lejos de órdenes, de restricciones,
de obligaciones estiradas por la edad de
      la no inocencia.
Allí donde los segundos no sumaban
      minutos.
Donde jugar seguía siendo jugar sin
      doble intención.
Y donde los cuentos tenían siempre un
      final feliz,
con o sin gigantes, con o sin monstruos.

Los gorriones traviesos revoloteaban
tras los restos de bocadillos
en una calle gris con gravilla y tierra.
Y las zanjas de un metro de hondo
se convertían en trincheras
para las luchas «a muerte» entre todos.
Entonces sin género.
Las risas inundaban el barrio.
Fresco, tierno y jornalero.
Entre los setos correteaban
tras amigas de coletas despeinadas
con los cordones desatados,
cuando un bote oxidado
era pateado más lejos del número tres.
Escondidos tras el R9 amarillo canario
descolorido por el sol y los años,
esperaban no ser vistos, para no posarla.
Y allí, acuclillados,
nunca mirarían más allá de ese instante,
de ese día, quizá de ese verano.
De los días con costras en las rodillas
y chorretones de barro en las piernas
        y manos.
De los gritos desde los balcones,
de nombres siempre en diminutivo,

como llamada para la cena.
De los «quedamos después en el portal
    de Gloria».
De todo eso va la vida.
Esa a la que quisiéramos volver,
muchos días cuando ni ves un gorrión,
ni oyes unas risas.

Los mismos recuerdos de niña
    almidonada.
Por más que busco en los recovecos de
    mi cerebro infantil
ya no te veo más allá de lo que escribí.
Y mira que escarbo y mira que excavo.
Llevo tiempo intentando averiguar cómo.
Por más que quiero no te reconozco
más lejos de mis dieciséis años.
De pronto se desvanece el héroe.
Y aparece un hombre casi desconocido.
Una enfermedad que enturbia.
Un desapego adolescente.
Una lucha diaria por guardar en mi
    mente
la imagen pétrea, los momentos buenos,
    la falsa seguridad.
Y esa niña que no quería perderte
te perdió mucho antes de que te fueras.
Por zafarme de tu abrazo por vergüenza,
por negarte mi sonrisa cuando me
    bromeabas,
por no entender lo que un padre sería
    capaz de hacer

y por intentar arreglarlo cuando ya era
    tarde.
Me quedé acompañada por el vacío
de un brazo que ya no está en mis
    hombros
aunque como el síndrome del miembro
    perdido
me pese y lo sienta apoyado en mí.

Y para aliviarlo me esfuerce en
    recordarte,
eso es lo que me queda y con lo que
    vivo,
un poco más lejos de mis dieciséis
y de tus tan solo sesenta y dos.

Quién pinta las puntas rosáceas del trigo
como las uñas de tus manos de quince
    años.
Quién colorea de oro la espiga,
como tu brillo de labios de adolescente.
El tiempo colorea y endulza y adorna y
    madura.
Es quien pone los puntos sobre las íes.
Quien me dice que tenía razón o me
    equivoqué.
Quien de un bofetón me devuelve de mis
    sueños recurrentes,
de la absurda soledad que buscaba
    ansiosa
para seguir soñando y fantaseando.
Quien me deja caer al vacío desde un
    cuarto piso
cuando valiente me asomo para saludar
    al pasado.
Quien colorea en blanco y negro
aquellos instantes que difuminan mi
    verdad.
Quién colorea de oro la espiga y pinta tus
    uñas de adolescente.

Quién pinta las puntas rosáceas del trigo
y tus labios de quince años.

Entre las telas de araña
vacías de arañas,
en la casa vacía
por el trastero soterrado,
encontré folios húmedos y quebradizos,
escritos con letra grande,
de caligrafía exageradamente practicada,
con infinitas oraciones para traducir al
     latín.
De un tiempo donde yo era aún un sin
     completar
y tú más niña que yo.
El hervor nos faltaba por inercia.
Porque nos lo habían dado todo hecho.
Y ahora el polvo cubría las hojas,
las cajas, la pared y el suelo.
Porque nos lo habían dado todo limpio
y lo dejamos ensuciar.
Como si los enseres no fueran nuestros,
los dejamos enterrar en una desidia
     inocua,
en un sótano a ras de la podredumbre
que se olía por entre telas de araña sin
     arañas.
Entre folios sin letras.

Entre las paredes sin cuadros,
con las marcas de los que colgaron allí,
en un tiempo de refugio, de hogar y de
   verdad.

MADRE

Son nuestros sólo mientras no pueden
valerse por sí mismos, luego le pertenecen
a la vida, al destino, a sus propias familias.

«Definición de hijo». José Saramago.

Será sirena.
Surcará los océanos esquivando
    microplásticos transparentes
que arañen su estela dorada y agrieten
    los hilos del sol.
Será erizo de mar.
Recorrerá el fondo mágico de los sueños
protegiendo con su caparazón el corazón
    que late fuerte cada segundo.
Sus burbujas serán mi oxígeno
y su compás mi satisfacción.
Será sirena y yo seré para siempre su
    rendido navegante.

Quiero ver las nubes pasar
encima de tu cabeza,
sombreando tu pelo rizado
y ocultando tus pecas doradas.
Quiero quedarme quieta
mirando cómo pones tu coche azul
detrás del remolque del camión-grúa
y te enfadas cuando no entra en su
      hueco a la primera.
Quiero contemplar tus manos regordetas,
apretando la llave inglesa de juguete
mientras se oye el vuelo cercano de los
      vencejos.
El sol se va a dormir
y yo no quiero admirar esta puesta de
      sol.
Solo quiero oler tu pelo,
besar tus mejillas sonrosadas
y apretarte fuerte contra mi cuerpo,
para que no se me olvide nunca este
      momento fugaz.
Los vencejos se acurrucan en su nido
y las nubes se oscurecen como tu pelo.

Deshacerse

La lluvia diluía la arcilla y deshacía
    la montaña
donde sin pilares ni cimientos construí
    una chabola.
Allí guardé dos cuadros y un puñado
    de ropa.
Los cuadros eran recuerdos de mi padre
    muerto.
Irían conmigo allá donde yo aparcase
    mi vespa.
La tierra desaparecía y mi casa quedaba
    suspendida en el aire
apuntalada por contrafuertes de
    chatarra.
Y recordaba que un día yo amamanté a
    una criatura,
y la mecí en mis brazos.
Desaparecía su imagen y solo quedaban
    sus ojos tristes,
mirándome desde el infinito como antes
    de caerse al vacío.
Cada día intentaba recomponer la vida
    que perdí.

Pero era tan doloroso y jamás encajaría,
como un puzle de mil piezas todo blanco
al que le falta una y siempre está
     incompleto.
 Aunque lo haga una y otra vez nunca lo
     termino,
porque su boca tierna ya no está, ni en
     sonrisa ni con mueca.
Quiero creer en mis días buenos que sus
     bocas
andan repartiendo sonrisas y balbuceos
por un lugar más azul desde que ellos
     están
paseando de la mano entre individuos
     que también sonríen al verlos.
Quiero imaginar su abrazo
cuando un día se derrumben por
     completo mis miserias
y sea yo quien caiga al abismo, me
     diluya con la arcilla,
corra a coger sus manos y me contagie
     de sus risas.

Añoro cuando mecía tus sueños
y, mientras,
a mí se me caían los párpados.
Parecía ser dueña de cada uno de tus
     latidos
y era yo quien te daba permiso para
     respirar
y pausaba tus gritos y encendía tus risas.
Mi vida reptaba por el terrazo aún intacto
     de vómitos, de babeo.
Cuando cabías entre mis brazos y mi
     pecho
y ponía puntales para sujetarte y no
     dejarte caer,
cuestionando a días si era o no una
     buena madre,
por aguantar despierta treinta horas.
Y comprobar que respirabas sin flemas
y que la fiebre había bajado por fin
     después de alternar
ibuprofeno y paracetamol durante días.
Creía ser el centro de tu universo
porque era yo tu alimento,

tu descanso y saciaba tu sed y calmaba
    tu llanto.
Ahora yo soy quien te provoca las
    lágrimas y los gritos de rabia.
Porque no entiendes mi «no».
Ahora el centro de tu universo no soy yo.
Lo son y lo serán otros hasta que un día
tú tengas el universo dentro de ti o en
    tus brazos.
Nadie lo sabe, pero paso las horas
cuidando de que todo esté bien para ti,
aunque eso suponga prohibirte que
    salgas
con una tormenta incipiente a diez
    minutos.
Creo que eres mi tesoro precioso al que
    proteger
incansable, día y noche y más al día
    siguiente.
Y meceré tus sueños y vigilaré
    tu respiración
sujetando mis párpados,
aunque no me sostengan las piernas
y ya tengas la edad para ser tú
quien pueda ser alimento y calmar los
    llantos.

Malva suave y blanco.
Sobre camillas enclenques
que sostienen músculos temblorosos.
Pasan los minutos de alivio
hasta que llega el dolor de presión
        en el útero,
otra vez, agudo, desgarrador y largo.
Y respiras... jadeante.
Medios gritos reprimidos por el qué
        dirán.
Voces de aliento y voces grises de
        reproche.
A las que mis oídos ensordecen,
porque es más importante tu rugido
que cualquier susurro que contiene.
Y tras otro dolor punzante, esta vez más
        fuerte,
se abre en canal mi entraña,
y unas manos recolocan su cabeza,
peluda y gelatinosa, para que no se dañe
        con tu cérvix.
Y ya no duele. No lo puedes creer,
pero no es por la epidural,

es porque sabes que ella está a punto de
   respirar
su primer sorbo de oxígeno, el mismo
   que tú.
Y tu espasmo de dolor se transforma en
   ansioso temblor
encorvada hacia tu vientre. Quieres verla
   salir.
Y con ese último alarido,
la tienes en tus brazos, húmeda y
   mágica.
Y te mira, y la miras,
y te das cuenta de que jamás olvidarás
   ese instante
y lloras antes de que ella te gima cerca
   de tu boca,
por primera vez su lloro.
Se unen vuestras lágrimas. Se corta el
   cordón.
Y sin soltarla nunca de tu mano,
   la paseas a la vida.
SU VIDA.

Para Loli

Susurro en tu oído.
Sé que me oyes
cada vez que te digo
que no olvides tus llaves,
que cierres el gas,
que qué guapa estás.
Sé que me sientes
rozando tu mano.
acariciando tu mejilla
y secando esa lágrima que rueda
sin querer evitarlo muchas mañanas
hasta que te pones en marcha.
Sé que sonríes a medias
si alguien te recuerda nuestras anécdotas
gracias a tu libro.
Y tú sabes que sigo a tu lado
susurrando ojalá al mismo tiempo que tú
    lo piensas.
Sabes que estoy bien. Ahora sí.
E intento cuidarte para que cuides a
    nuestros amores.
Te susurro todo, pero tú ya lo sabes.
Te pienso en lo que fui gracias a ti
y a pesar de todo.

Susurro en tu oído sigue luchando,
sigue viviendo que yo me quedo aquí,
contigo, mamá.

Patricia.

De pronto un día es silencio.
Y es que anoche buceé en el infierno de
     unos sueños
que arañaban sin querer espalda y
     pecho.
Angustia y desazón, en piel y arena,
     en sal y sudor.
Y al amanecer entre trincheras
     despegando a la fuerza las pestañas,
con más o menos acierto,
me desperecé mirando ese hermoso
     cielo... En silencio.
Mis pesadillas porque ya no estabas.
Recordé el día dulce en que me di cuenta
     de que ya jamás estaría sola.
El día en que la tirante barriga tenía una
     extraña forma en pico.
Era como si la criatura que crecía en mí,
fuese a hacer un roto por el que salir al
     mundo.
Sentir que nunca más estaría sola.
Siempre con él o con ella.
Siempre para él o para ella.

Y así fue hasta que de pronto llegó el
    silencio.
Pesadillas y silencio.
No más risas, no más griterío.
Ni tan siquiera aullidos de jugar...
Ya no más regaños. Todo estaba recogido.
Nadie desordenando.
Todos se han ido.
Han crecido.
Salieron de mí para ser de todo
    y de todos.
Y el deseo de que jamás hubiese pasado
el tiempo en que seguía ahí dentro,
es más fuerte cada día, entre pecho y
    espalda.
Cada silencio.
Como decía mi madre,
cada vez que cierra la puerta de casa
por dentro con llave y dice hola a la
    noche y a la soledad.
Ahora la entiendo.

Hilos en plata
que se deshilacharon desde la luna
y me hilvanaron al sueño perpetuo
más real que la propia vida.
Construyendo día a día
deslumbrada por sus brillos.
La luna se deshacía mientras yo iba
        tejiendo.
Me quedó un bonito arrullo
con el que abrazar los instantes
y hacernos un ovillo juntos
en mi universo paralelo,
para crecer en simbiosis microbiana
aunque yo fuese quien más ganaba
porque podía mirarte cada segundo.

En la playa

Sabor salado, olor azul verdoso,
sonidos amplificados al tumbarme
    en la arena,
pasitos correteando, gritos alborozados,
calor dorado y risas frescas.
Sonrío. Delante de mí todo lo que quiero,
y esta calma, aunque se agiten las olas.
Respiro. Rebozados en sal y sol,
mis tres tesoros, mis conchas preciosas.

Aunque yo no lo vea, el mar viene cada día
a borrar las huellas que dejamos en
aquella playa
y se traga los castillos que al atardecer
terminamos de construir.
Hoy he vuelto y desde más atrás me he
quedado mirando las pequeñas olas.
Y los veo aún rebozados. Como si no
hubiese pasado el tiempo.
Siluetas que se mueven lentamente al
ritmo del mar por la tarde,
cansados después de un día entero de
llegar y mojar,
de ir y venir, de llenarse de cuerpos y
risas frescas.
Sonrío. Delante de mí sigue estando todo
lo que quiero,
a pesar de que no corretean pasitos ni
oigo sus gritos de auxilio.
Los veo entre sal y sol.
Recogiendo nuestras conchas antes de
que las olas
vuelvan a enterrarlas una vez más.
Huelo azul verdoso. Y seco una lágrima
antes de que caiga en la arena.

REFUGIO

No es llegar, es poder quedarse.

Alejandro Palomas.

Tesoro rojo

Paseé sus calles solitarias
y entre los adoquines rojos
surgían la esencia del verano
y el bullicio medio roto.
Encontré los rincones callados
y los miradores de par en par
a mi alcance todo por oír,
a mis ojos tanto por mirar.
Paseé mis tiernos anhelos
por las rocas áridas
y su rojo me devolvió mis sueños
y tus caricias cálidas.
Sonreí a cada paso, tropiezo, mirada
        y escondite,
y por tus calles encontré
aquello por lo que te quise.

Donde siempre
encuentro el porqué de una existencia
     mínima y sencilla,
el motivo de estar todavía de pie, aunque
     flaquee.
Donde tengo las certezas de que miro
     y veo.
De que pienso y siento.
Toco y es real, no es solo mi imaginación
     ni mi memoria diluida.
Yo lo he vivido y lo he tenido. Por eso es
     allí donde
«Buscando de nuevo el buen camino
del que me alejé un día de inquietudes,
pude haber querido sin querer,
pero nunca pude perder sin haber tenido».
Allí tuve.

En Allande

Cuando yo me vaya seguirán sonando
   los trinos y la cascada.
No hay silencio en el bosque ni dejan de
   quebrarse los robles,
aunque yo me haya marchado.
No habrá nadie que escuche,
pero ellos dirán que un día yo los oía
   correr,
caer y hablarme en susurros.
Allí esperan que yo regrese, tras la
   mariposa azul, a perderme.

Piedras
que huelen a mar.
Macetas que canturrean
y silban.
Caminos que abrazan
sentados.
Animales que miran
a través
de un cuerpo que invade
despacio
hierbas rumiadas y senderos de musgo.
Por mal que sea, hace bien.
Por mucho que duela sabe a miel.
Lo sembrado verdea y los quereres
        hablan en futuro y en pasado.
Por tanto compartido tras las macetas
        que alcahuetas ríen descaradas.
Por tanto que ansío volver a escuchar,
a ver,
a oler.

Coloreando

Quién fuera mariposa azul revoloteando
    a tu lado,
sin parar un instante, esquivando las
    flores y la brisa,
coloreando el paisaje,
saboreando tu aroma y tu risa.
Quién fuera mariposa azul frágil y tierna
    sin temor,
acariciando tu piel, aunque no sienta,
deseando tu roce, aunque me muera.

No la he vuelto a encontrar.
Sé que está esperándome.
Pero cuando yo llego ella no está.
Me cuentan que la vieron en la poza
revoloteando con libélulas y mosquitos
gigantes.
Y por más que miro yo no la veo.
Sé que no ha desaparecido.
Ella resiste sin rozar piel ninguna
para no deshacerse en purpurina e hilos.
Porque yo la vea.
Y regreso cada vez esquivando las flores
por si se asusta.
Seguiré buscando mi mariposa azul.

Te veo
tras el negro transparente de aquella
        camiseta vieja que de tan
        desgastada clarea.
Te veo
tras la piel extrafina y pálida que de tan
        blanca casi deslumbra.
Te veo
en invierno, entre las hayas y tras tanto
        paseo a escondidas,
te veo con la misma mirada perdida,
en tu piel que deslumbra y en la ropa
        que clarea.
Los tejidos invisibles para que yo te vea.
Y el escenario importa porque te arropa.
Recoge los cuerpos encorvados por la
        pendiente.
Y casi los mece para que duerman sobre
        las hojas del suelo.
Pardas, amarillas y rojas.
Las veo y te veo. Descansando.
        En invierno.

Mi refugio

Donde no entran más que los insectos
y revolotean murciélagos.
Donde no se oye más que fluir el agua y
    la cascada.
Donde mientras escribo me envuelven
    risas y llamadas de auxilio.
Este es mi refugio.
Donde las horas pasan como segundos,
y los instantes fugaces se esfuman,
donde guardar cada fotografía
y los retazos de colores que las
    enmarcan felices.
Donde mimar los rostros y cuidar
    las palabras
y donde querernos.
Este es mi refugio.

Dando un par de vueltas sobre mí
    misma
hice una cama como la de los animales
    que acogen su cuerpo
en la tierra, en la paja, en la hierba.
Recoloqué mis piernas y mis brazos
y mi cabeza sobre ellos, con una
    flexibilidad irreal.
Y allí esperé la noche sin temor.
Tenía conmigo los recuerdos que
    alimentan,
los quereres que abrigan
y la esperanza de que al amanecer
volvería a ver los colores, los rincones,
    las sonrisas y la vida.

MUJER

Tiene en la mano un gorrión con el ala rota,
su propio dinero para un viaje largo y lejano,
un cuchillo, una compresa y un vaso de vodka.
¿Adónde va con tanta prisa?, ¿no estará cansada?
Claro que no, solo un poco, mucho, no importa.
O lo ama o está encaprichada.
En las buenas, en las no buenas y por el amor
    de Dios.

> *Retrato de mujer.* Wislawa Szymborska.

Agazapada,
vigilo el constante ir y venir del
      desaliento.
Con prisas, con más prisas.
Mueren a cada paso acelerado.
A la velocidad que les imprime un fuelle
      neumático
de miles de toneladas de newtons.
Y yo quieta solo muevo mis ojos.
Y espero.
Espero verte llegar, girar la esquina
      veloz y echarte el freno.
Ser yo la que desacelere tu respiración
      y la agite a mi ritmo.
Ser yo la mano que mueve tu mundo.

Miraba bajo la cama,
por si habían caído las risas resbalando
    con el sudor.
Ahí estaban. Queriendo escapar entre
    sus dedos.
Como el aliento.
Como el silencio de las noches que se
    sobrevenían.
Como los gritos que callaba.
Aguantando un tira y afloja,
un habla ahora, o calla para siempre.
Resistiendo por resistir.
Forzando más sonrisas.
Evitando sinsabores.
Todo por llegar a la cama y reír.
Una noche más.

Hay días en los que te arrastrarías
a pastar la hierba verde
por lo bien que huele
y por lo que significa ser simplemente
        un humilde rumiante.
Hay días en los que te gustaría
que elegir un campo donde alimentarte
fuese el único de tus problemas.
Por lo que duele la vida y lo que amarga
        vivirla.
Hay días en los que darle vueltas
al bocado que llevas tres horas
        masticando
supone el mejor ejercicio maxilofacial
y relaja todos los músculos de tu cabeza.
Pausadamente. Mirando a la nada,
como aquella vaca que nos mira
        acercarnos sin vernos siquiera.
Sin más preocupación que llegar
        a la braña
a tiempo para que la nieve no moje sus
        pezuñas.
Por lo que duele la vida y lo que amarga
        vivirla.

Aprenderé a leer tus silencios
y a entender tus ausencias.
Aprenderé a vivir con mosquiteras que,
sin ser rejas, evitan que yo salga
y me invadan los insectos.
Aprenderé a leer entre líneas
y a comprender palabras perdidas.
Aprenderé a vivir con mordazas que,
sin callarme, evitan que diga lo que
      quiera
y me equivoque cuando hable.
Aprenderé a escuchar entre el ruido
y a filtrar lo verdaderamente importante.
Aprenderé a leer tus silencios
que llenan el vacío que reclama
      mi cuerpo
y entenderé que lo que decimos
no tiene que ver con lo que
      verbalizamos,
que al vocalizar los sonidos
se pierden con fonemas estrictos
cuando en realidad solo desean ser
      libres.

Sí, te amé.
Y después de haber dejado de escuchar
    el latido acelerado
y los acordes dulces del tarareo
    romántico,
después de perder lo querido,
después de deshacer lo trenzado,
puedo afirmar que sí, que te amé.
Y que los silencios temidos
y los gritos desgarrados
truncaron la poca fe que quedaba
arando nuestro camino,
amargando nuestras mañanas.
Pero qué quieres que te diga si te amé.
Aunque todo se hiciese pedazos
hubo un tiempo en el que no era yo sino tú.
No era yo sin ti y no era dependencia,
    era entrega.
Y te encargaste de dar el portazo
más tremendo a la relación y a la puerta,
que aún tiene las bisagras desencajadas.
Sí. Te amé y un día arreglaré la maldita
    puerta

y no te recordaré
ni en el instante de abrirla ni el de
    cerrarla.

Perdí las letras por el camino
mientras iba repasando
mentalmente lo que iba a decir.
Así que ni balbuceé siquiera.
A cuenta dejé lo que no dije ese día ni
    los anteriores.
A cuenta dejé la cerveza y las que
    vendrían.
Engullí con la espuma las excusas,
los por qué sí y los por qué no.
Me atraganté con varios reproches
e intenté sujetar mi genio y mi voz.
Tanto aguanté que poco después
vomité los malos tragos que, con el
    estómago vacío,
imposible sentarle a uno nada bien.
Después de asentar las vísceras y los
    pesares
decidí que mañana sin falta.
Pasearía con los bolsillos cerrados
para no perder ni una palabra.
Y enumeraría una por una las veces y las
    causas.

No bebería para no atragantarme, ni
vomitar, ni balbucear.
A ver si de esta nos quedaba claro a
ambos.
A ti por ausente y a mí por presente.

Escondida entre cráteres de aristas
      hirientes
esperé a que fuese de día.
La luna entonces más fría
me escupió al abismo de la realidad.
Caí a sus pies vencida, mientras me
      miraba,
guiñándome en plata y gris, esos ojos
      de mentira.
Y me empujó a coger los cuernos
de su reflejo con mis manos.
Y susurró con su aliento helado
para escribir en mi pecho:
«tan solo hoy no te rindas».

Y cayó del cielo,
como un asteroide desprendido de Marte.
Y arrasó mis campos labrados de luces
        tenues.
Las apagó de golpe y porrazo.
Y se instaló en mi granero envuelto en
        paja y ciemo,
el que alimentaba mi calma y prendía
        mis sueños.
Y arrasó mi vida mediocre,
mis días nublados,
mis tardes tristes de domingo,
mis noches aburridas de sábado.
Y revolvió dentro de mí y de mis
        órganos,
iluminando cual luciérnagas el camino
        que se abría desde aquí.
Lo mareó todo y se marchó,
erosionando como el granizo la caliza.
Diluyó su mineral extraterrestre
en mi café y en mi leche,
aderezando como la sal
y simplificando tan fácil mi vida.

Elegir

Repetir una y otra vez.
Podrías elegir dar un paso en falso
incluso saltar al vacío,
pero escoges el mismo carril,
sin salir de las marcas viales.
Para que no suene ese pitido chirriante
que avisa de tu error.
Y repetir una y otra vez
los mismos pequeños pasos,
en el mismo sendero trillado
sin poder esquivar los sentidos
        obligatorios que marcan lo correcto.
Pero, ¿y si quieres equivocarte?
¿Y sl quieres ir campo a través?
¿Y si, en un par de zancadas, te plantas
        en la otra acera,
con bordillos mellados de tantas rodillas
golpeadas por saltos a lo loco,
sin medir las distancias y las
        consecuencias?
¿Y si, no terminas tu cerveza o pides
        otras dos más?

¿Y si, en un par de semanas,
has cambiado de barrio y de casa,
de trabajo, de horario, de trayecto
     y de ventanas?
Todo por no quedarte en el lado seguro,
como cuando en la bolera de niño te
     subían las barreras.
Esos logros no son logros.
Pero ¿qué más da si consigues tirar todos
     los bolos?
Así que repetir una y otra vez
o cambiar todo del revés,
quizás es cuestión tan solo de un par
     de sorbos.

Unos leen poesía.
Otros tienden la ropa.
Yo escribo mientras tiendo,
y siento mientras tiendo,
y tiendo mientras pienso
en cómo hacer para que la vida
no consuma el poco tiempo
que tengo para leer,
para escribir,
para sentir,
para tender.

Una no puede pararse a mirar sin más
cuando le apetece.
La vida inquieta le lleva sin parar por
    donde quiere y,
aunque seamos capaces de escoger uno
    u otro camino,
irremediablemente creo que no podemos
    escapar de lo que va a pasar.
Una no quiere quedarse inmóvil
    ilusionando una puesta de sol.
Porque es difícil admirar, solo admirar.
En su mente seguro que ese instante
    está lleno de preguntas,
de planes futuros, de pasados repasando
    errores,
de minúsculas palabras que van
    creciendo
entre los fotogramas de ese momento.
Una siempre está recogiendo en su
    cavidad torácica
las respiraciones y las exhalaciones suyas
    y de otros.
Así nos nutrimos del instante de los
    demás.

Así vamos absorbiendo y clasificando en
    nuestros archivos
lo que sí y lo que no, lo que ni de coña,
    lo que tal vez,
lo que bueno, vamos a por ello y lo que
    sí porque sí.
Así hay un pasado, un presente, un
    presente alternativo
y un futuro que es ya mismo.
Y una no puede pararse a mirar sin más
porque tiene que formar parte de ello.
Y ser la misma puesta de sol, si hace falta.

Convine con los cuervos
que ese día gris marengo
no me viniesen a sacar los ojos.
Y decidí unilateralmente que los
    escarabajos
dejasen mis vísceras en paz
hasta que el eco de mi voz
no se oyese en ninguna mente.
Hasta que mi susurro callase
y mi aliento ahogase
tanta vida por vivir,
tantos gritos por oír,
tanto aire por respirar.
Convencí a los gusanos de que no criasen
    en mí,
que arrastrasen sus líquidos
por otros órganos infames
que los míos aún latían sin sangre
por esconderse a vivir.
Y despertó a las alimañas
el crujir de una tierra asentándose
sobre madera barnizada
y calló los gritos,
secó el aliento
y pudrió la vida en silencio.

Vendrá a mí el pájaro tuerto y desvalido.
Vendrán la lagartija con el rabo cortado
y los gatos sarnosos y la cabra de tres
    cuernos.
Acudirán a la llamada del infame, del
    mudo,
del de hígado podrido y mente enferma.
Enferma por ese dolor de necesidad,
por esas heridas de uñas sucias que
    infectan.
Enferma por la verdad.
Jode ser más feliz con la incertidumbre
    que con la certeza.
Jode sentir más de cintura para abajo
que de boca para arriba.
Del corazón, ni hablamos.
Cuando está abierto en canal
aunque sea por unos meses, días, horas.
Cuando balbucea como un niño,
y no articula ni dos sílabas con sentido.
Cuando no bombea solo escupe.
Envenena todo aquello que está cerca
sean gatos sarnosos o pájaros tuertos.
Sea la vida o sea la muerte.

No puedo hornear sin tu fuego
palabras que moldeen un campo entero
      de arcilla,
ni puedo dibujar con mis dedos
símbolos impredecibles sobre colores de
      arcoíris.
Quiero que mis vasijas recojan el vacío
y lo llenen hirviendo de la fantasía
de la creación del misterio, de una llama
      perpetua.
Aunque sin tu fuego no puedo hornear
ni dibujar ardientes trazos,
ni cocer el barro, ni crear jarrones
      hermosos
ni botijos rechonchos.
Incompleta. Eso soy sin tu fuego,
sin tus manos.
Sin el poder invisible que imprime la
      tierra
cuando seca y resquebraja los cuerpos
      tristes y perdidos.
Sin tu fuego,
sin tu don,
sin tu magia.

Eran días de ansiedad por tener,
de bella locura, de sonrisas perpetuas.
Eran minutos de complicidad,
        de búsqueda, de deseo.
Eran paseos de sol, aunque la lluvia
        salpicase en los charcos,
y de calor, aunque la nieve copase
        tejados.
Eran noches soñando despiertos, y de
        madrugadas tibias pensando...
En lo que podría ser y no.
En lo bueno de todo y en lo malo.
En juntos o por separado.
Era eso que duele con gozo.
Y lo que se goza con pinchazos de dolor.
Era soñar y amar.

Sin rumbo

La gente camina con rumbo,
el mío lo perdí hace tiempo
cuando te cruzaste en mi camino
y me embriagaste de deseo.
Siento perder el sentido
noto cómo se convierten los sueños
en pesadillas de tu ausencia
en anhelos de tus besos...
y se pierde mi mirada
hacia un día en que te tuve
y se duele mi corazón
de quererte como nunca pude.

¿Me dejas recordar un día?
Ese en el que dije lo que dije.
¿Y puedo recordar una noche?
Esa que pasé en vela sintiendo
y pensando en sentir o no sentir.
No fue una, fueron muchas,
las noches que deambulé
en busca del motivo, de la excusa,
del sentido y de la razón.
No encontré motivo,
ni me valió la excusa que me conté
     a mí misma.
Como si mentirme fuese una opción.
No hallé el sentido porque no lo tenía.
Ni ninguna razón lógica.
Todo podía ser hilvanado
     matemáticamente,
o desbaratado con mi idiotez más sencilla.
Pero lógica, ninguna.
Simplemente fue un desorden loco,
un bofetón de aire helado al abrir la
     ventana.
Después de casi hacerme combustionar
     espontáneamente

me dejó envuelto el corazón en hielo.
Así fue. Los anhelos desaparecieron con
    la escarcha.
Suavizó las convulsiones.
Y de quererte, al no poder, se fue
    olvidando de quererte.
El corazón y yo, que encontré un rumbo
    adecuado
y un lugar donde quedarme en el camino,
aunque a veces se pierda mi mirada
hacia el día en que dije lo que dije,
y las noches por amor desveladas.

Partida en dos

Como el pino que vi la tarde de domingo
        pasado,
en nuestro paseo de rutina,
el mismo sendero de cada domingo,
el mismo domingo de cada semana,
la misma semana de cada puto mes,
de cada uno de los rutinarios cuatro
        años.
Me pilló a contrapié.
Tanto que casi me fracturo el derecho.
Los años explotaron en mi cara
y salpicaron los meses y los días
hasta no quedar nada.
Ni de ti ni de mí. Ni de nuestras cosas.
Ni de nuestro domingo,
ni de nuestro sábado.
Todo por culpa de tu adiós.
Sin verlo venir. Fulminante.
Tanto, que quedé partida en dos.

Mueres y dejas
el aliento frío que a otro temple
y los abrazos secos que mojen a alguien
y la voz cansada que a nadie remueve.
Quedan pensamientos flotando en el aire
que necesitan salir de la oquedad
que será en breve tu cerebro
y escaparán de tu mente moribunda.
Sin verbalizar igual vayan desapareciendo
    poco a poco,
si no encuentran otra cabeza igualmente
    amueblada
para sentar tanto por decir o por seguir
    meditando.
Mueres y quedan canciones por bailar
y espacios por pasear,
paisajes por mirar,
libros por leer
y versos por recitar.

No reconozco a la mujer que me
   devuelve el espejo.
Ni sus arrugas alrededor de los ojos,
ni las manchas de color marrón oscuro.
Ni el brillo de unas canas incipientes en
   la raíz del cabello.
No reconozco su tristeza en días grises
ni su desgana en domingos por la tarde.
No la encuentro en tercera persona ni en
   primera siquiera.
No la conjugan los verbos en pasiva
ni los pasados perfectos simples.
Es de segunda persona, mucho más en
   imperativo,
y de futuro y algunos días de condicional.
Es una niña de diecinueve años
con sonrisas en los ojos
a pesar de las lágrimas por otros.
Es morena. Y un tornado de grado cuatro.
Un sube y baja de emociones,
de reacciones, de simbolismos.
De quiero y no quiero.
De quiero y no puedo.
De puedo y no me da la gana.

De fruncir el ceño y arrugar el gesto por
no salirse con la suya.
Esa sí es ella.
Aunque el espejo devuelva otra imagen.
Detrás de esa mirada siempre inquisitiva
y curiosa,
está aquella niña testaruda y risueña.
A pesar de las caídas y de las canas y de
las arrugas.
A pesar de la vida que no le da un
respiro
y de los suspiros que ella da por la vida.

Un día arropó piel y huesos
y casi ardieron plumas de edredón.
Sintiendo las llamas enfriar el tiempo,
la piel fue templando y los huesos
        quebrando
y destapamos al amanecer el engrudo
de tanto que hacer y tanto por querer.
Un día arropó miradas y gestos
y casi prendieron fibras de coralina.
Y la espuma de CO_2 ahogó la resistencia
        de las manos
y apagó el fuego que avivamos.
No supe qué hacer con el arrullo,
lo guardé en el fondo del armario más
        desahuciado de la casa.
Para no verlo más ni recordar jamás
cómo un día arropó piel, huesos, miradas
        y gestos.

Me miras sin verme.
Ves a través de mí,
aquel campo de amapolas y los niños
    correteando.
Aquellos días de lluvia con el paraguas
con dos varillas rotas,
tapando tan solo el marcado de
    peluquería.
Ves las risas en el cine del barrio,
contra la pared del frontón,
una noche de agosto, un calor asfixiante
    y las abuelas renegando.
Me miras queriendo comprender
por qué yo no soy aquel que te agarraba
    de la mano en ese cine,
ni el que arreglaba el paraguas.
No reconoces mi voz, ni mi risa.
Te perdí a través del tiempo y del vacío
    de tu mente.
Intento llevarte a aquel campo de
    amapolas
aunque tú prefieras quedarte en el iris de
    mis ojos,
reflejando tu ausencia
y me miras y no me ves.

No recuerdo las caricias antes de los
    cinco años
o quizá de antes de los siete.
Solo recuerdo lo que me cuentan.
Ahora pocos quedan
que recuerdan lo que me cuentan.
Y recuerdo olores y sabores, a pastas y
    anís.
Hay cosas que recuerdo por mí misma.
Una ola gigante con algas rojas
llenando mi boca de sal,
la primera vez que me mojó el
    Mediterráneo.
Alguien me aupaba desde las axilas
para no tragar tanta agua.
Pero no recuerdo quién.
Solo el mar viniendo hacia mí.
Rojo y salado.
No debía de tener más de tres años.
Pero no recuerdo las caricias de esos tres
    años.
Las habría. Y también habría abrazos.
No sé por qué la mente se cierra en banda
y no me deja recordar lo que yo necesito
    recordar.

No quiero ser olvido.
Prefiero ser retal con el que zurcir
      recuerdos y remendar agujeros.
No quiero ser aroma sutil,
prefiero ser esencia.
Y quedarme para siempre en tu paladar
con regusto al pasado de especias
      picantes y sabrosas.
Y no quiero seguir en el GPS
el camino que conocí con los ojos
      cerrados,
por el mero hecho de no tener que
      buscarlo
en mi mente agujereada y llena de
      retales y costuras.
No quiero ser olvido.
Quiero, sin miedo a quererlo, saber quién soy.

Notas y agradecimientos

Los poemas «Sin rumbo», «Tesoro rojo», «En la playa» y «Coloreando» pertenecen al libro *Mil letras ideales*, publicado en 2017.

Y «En Allande» y «Mi refugio» al libro *Los amantes y el resto de los mortales* de 2020.

Es la vida la que pasea por mí. No deja de ir y venir. Y se acerca y me susurra voces de poetas grandes y latidos de corazones grandes. Y de amigos buenos y sencillos que me hacen bien. Con todo lo que me está pasando, yo solo puedo agradecer a Marina Heredia y a Nacho Escuín por confiar en este libro y en mí. A Isabel y a todos los compañeros de letras y de sueños, por su apoyo. Y a mis conchas preciosas, como cada verso y libro, como cada mañana al despertar, como siempre y para siempre.

ÍNDICE

ESTE LIBRO
SE TERMINÓ DE IMPRIMIR
EN ZARAGOZA
UN DÍA DE CIERZO,
ESE VIENTO DEL NOROESTE
QUE REVUELVE NUESTRAS CABEZAS
Y DESATA NUESTROS SENTIMIENTOS.
DESPUÉS, UNA PAZ INAUDITA
Y NUESTROS PIES FIRMES
SOBRE EL SUELO.